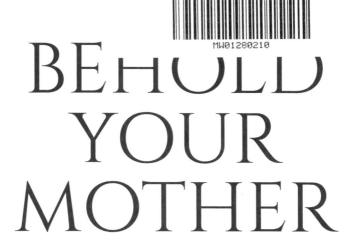

BEHOLD YOUR MOTHER

MW01280210

Marian Stations of the Cross

AHÍ TIENES A TU MADRE

Vía Crucis con la Virgen María

MARGE STEINHAGE FENELON

Our Sunday Visitor
Huntington, Indiana

Nihil Obstat
Mons. Michael Heintz
Censor Librorum

Imprimátur
✠ Kevin C. Rhoades
Obispo de Fort Wayne-South Bend
22 de julio de 2023

El *Nihil Obstat* e *Imprimátur* son declaraciones oficiales de que un libro o folleto no contiene errores doctrinales ni morales. No hay allí implicación alguna de que quienes hayan aprobado el *Nihil Obstat* o el *Imprimátur* coincidan con el contenido, las opiniones o afirmaciones expresadas.

Todas las citas de la Sagrada Escritura en español están basadas en La Biblia Latinoamérica, Edición revisada 1995, Copyright © 1972, 1988, de Bernardo Hurault y la Sociedad Bíblica Católica Internacional (SOBICAIN), Madrid, España.

Our Sunday Visitor Publishing Division, Our Sunday Visitor, Inc., 200 Noll Plaza, Huntington, IN 46750; 1-800-348-2440; www.osv.com.

ISBN: 978-1-63966-155-8 (Núm. de inventario T2863)
Diseño interior/portada: Amanda Falk
Arte de la portada/interior: AdobeStock

IMPRESO EN LOS ESTADOS UNIDOS

Nihil Obstat
Msgr. Michael Heintz, Ph.D.
Censor Librorum

Imprimatur
✠ *Kevin C. Rhoades*
Bishop of Fort Wayne-South Bend
July 22, 2023

The *Nihil Obstat* and *Imprimatur* are official declarations that a book is free from doctrinal or moral error. It is not implied that those who have granted the *Nihil Obstat* and *Imprimatur* agree with the contents, opinions, or statements expressed.

Every reasonable effort has been made to determine copyright holders of excerpted materials and to secure permissions as needed. If any copyrighted materials have been inadvertently used in this work without proper credit being given in one form or another, please notify Our Sunday Visitor in writing so that future printings of this work may be corrected accordingly.

Our Sunday Visitor Publishing Division
Our Sunday Visitor, Inc.
200 Noll Plaza
Huntington, IN 46750
www.osv.com
1-800-348-2440

ISBN: 978-1-63966-151-0 (Inventory No. T2860)
1. RELIGION—Prayerbooks—Christian.
2. RELIGION—Christian Living—Prayer.
3. RELIGION—Christianity—Catholic.

Cover and interior design: Amanda Falk
Cover and interior art: AdobeStock

PRINTED IN THE UNITED STATES OF AMERICA

A Nuestra Señora de los Dolores

To Our Lady of Sorrows

*Cuando Jesús vio a su madre y junto a ella, a su
discípulo al que más quería, dijo a la madre:
"Mujer, ahí tienes a tu hijo" Después dijo
al discípulo: "Ahí tienes a tu madre".
Desde ese momento el discípulo se la llevó a su casa.*

(Juan 19, 26–27)

When Jesus saw his mother, and the disciple whom he loved standing near, he said to his mother, "Woman, behold, your son!" Then he said to the disciple, "Behold, your mother!" And from that hour the disciple took her to his own home.

— John 19:26–27

Prólogo

Por siglos, los católicos han meditado en las Estaciones de la Cruz, mental y emocionalmente caminando hacia el monte del Calvario con nuestro Señor. Debido a que es una oración muy popular existen gran variedad de versiones disponibles. ¿Qué hace a esta diferente?

Está inspirada por textos del Padre José Kentenich, fundador del Movimiento Apostólico de Schoenstatt, un movimiento internacional de renovación católica. Desde muy temprana edad, el Padre Kentenich sintió un intenso cariño por la Santísima Virgen María y una profunda comprensión de su papel único en nuestra salvación.

"Solamente después que ella libremente dio – otra vez, en nombre de toda la humanidad – el sí necesario a la muerte del Redentor, solamente después que ella renunció libremente a sus derechos de Madre a favor de nuestro derecho sobre él, solamente después que ella lo entregó a él por el perdón de nuestros pecados y de haber unido su sacrifico al de él – solamente entonces, de acuerdo con el preciso desarrollo del plan de Dios, pudo el salvador exclamar "Todo está cumplido" (Juan 19, 30)", escribió el padre Kentenich en 1954.

Este libro está escrito desde la perspectiva de un niño que está siendo testigo de la angustia indescriptible de la Madre del Redentor debido al atroz sufrimiento de su Hijo único. El niño sabe que en parte es culpable

Preface

For centuries, Catholics have meditated on the Stations of the Cross, mentally and emotionally walking up the hill of Calvary with Our Lord. Because it's such a popular prayer, there's a plentitude of versions available. What makes this one different?

It's inspired by the writings of Fr. Joseph Kentenich, founder of the Schoenstatt Apostolic Movement, an international movement of Catholic renewal. From his earliest days, Father Kentenich had a deep attachment to the Blessed Virgin Mary and a profound understanding of her unique role in our salvation.

"Only after she had freely said — again, in the name of mankind — the required yes to the death of the Redeemer, only after she had freely renounced her mother-rights in favor of our claim over him, only after she had surrendered him for the sake of our sins and united her sacrifice with his — only then could the Savior exclaim in accordance with the precise unfolding of God's plan, 'It is consummated!' (Jn 19:30)," Father Kentenich wrote in 1954.

This book is written from the perspective of a child who is witnessing the unspeakable anguish of the Mother of the Redeemer due to the atrocious suffering of her only Son. The child knows that he's partially to blame for this torment and wishes somehow to console the grieving mother. Yet she's confidently resigned to God's

por este tormento y de alguna manera desea consolar a esta madre que llora. Sin embargo, ella se ha resignado confiadamente al perfecto plan de Dios, y por lo tanto suben juntos al Calvario.

Permítase convertirse en el niño devoto que toma a esta madre como suya y anhela aliviar su dolor. Usted es ese niño y ella es su madre. Mientras agonizaba en la Cruz, nuestro señor encomendó a María al cuidado de san Juan y a san Juan al cuidado de María. Mirando amorosamente a María, le dijo: "Mujer, he ahí a tu hijo". Luego, mirando a san Juan, le dijo: "¡He ahí a tu madre!". (Juan 19, 26-27). En ese momento, san Juan representó a toda la humanidad. En uno de sus últimos actos en esta tierra, Jesús nos confió a su madre y nosotros fuimos confiados a su madre, en una relación de amo destinada a durar para siempre. *Ecce mater tua* – ¡He aquí tu madre!

perfect plan, and so they climb Calvary together.

Allow yourself to become the devoted child who takes this mother as his own and yearns to soothe her grief. You are that child, and she is your mother. As he hung dying on the Cross, our Lord entrusted Mary to the care of Saint John and Saint John to the care of Mary. Looking down lovingly at Mary, he said, "Woman, behold your son!" Then, looking to Saint John, he said, "Behold, your mother!" (cf. Jn 19:26–27). In that moment, Saint John represented all humankind. In one of his last acts on this earth, Jesus entrusted his mother to us, and us to his mother in a loving relationship meant to last forever. *Ecce mater tua* — behold your mother!

Oración inicial

Padre, Yo quiero recorrer el camino de la cruz como un niño. Toma de mi todas mis pretensiones e inhibiciones, de manera que, como un niño, pueda estar abierto a la inspiración del Espíritu Santo mientras rezo y medito. A través de los ojos de un niño, permíteme ver el sufrimiento de mi madre cuando acompaña al Salvador al Gólgota. A través de la mente de niño, permíteme experimentar su sufrimiento, de manera que pueda entender de manera más clara tu voluntad. A través de un corazón de niño, permíteme sentir su sufrimiento, de manera que íntimamente pueda ser atraído hacia su Inmaculado Corazón. A través de ella permíteme convertirme enteramente. Amén.

Opening Prayer

Father, I want to walk the way of the cross as a child. Take from me all pretentiousness and inhibition so that, as a child, I can be open to the inspirations of the Holy Spirit as I meditate and pray. Through childlike eyes, let me see the suffering of my mother as she accompanies the Savior to Golgotha. Through a childlike mind, let me experience her suffering, so that I may more clearly understand your will. Through a childlike heart, let me feel her suffering, so that I may be intimately drawn into her Immaculate Heart. Through her, let me finally be entirely converted. Amen.

I

PRIMERA ESTACIÓN
Jesús es condenado a muerte

L: Te adoramos, Oh Cristo, y te alabamos.
R: Por tu cruz, redimiste al mundo.

Líder: ¡Estoy asustado! Madre, toma mi mano y déjame quedarme a tu lado. La multitud es tan ruidosa y violenta que me agita. ¿Como puede ser esto? Hace tan poco tiempo ellos seguian a Jesús por todos lados, suplicándole por otro milagro y presionándolo para que les enseñara más acerca del reino de su Padre. Ahora lo han acusado como a un criminal y lo han llevado ante Poncio Pilato. En lugar de gritar, "crucifícalo", ellos deberían estar gritando, "Ten misericordia de nosotros".

Seguramente esto significa que Jesús va a tener una muerte horrible. Y sin embargo nadie sale en su defensa. Inclusive tú, Madre, te mantienes en silencio. ¿Por qué?

Todos: Madre, yo soy el culpable, no Jesús. Él está pagando por mis pecados. Si solamente yo pudiera aprender a ser tierno de corazón y aceptar la injusticia con humildad, tu Hijo no tendría que sufrir. Destruye todo el orgullo en mi corazón y hazlo tan puro como el tuyo.

FIRST STATION

Jesus Is Condemned to Death

V: We adore you, O Christ, and we praise you.
R: Because by your holy Cross, you have redeemed the world.

Leader: I'm scared! Mother, take my hand and let me stay beside you. The crowd is so loud and violent that it shakes me. How can this be? Just a short time ago they were following Jesus everywhere, pleading with him to work another miracle and pressing him to teach them more about his Father's kingdom. Now they've bound him like a criminal and put him before Pontius Pilate. Instead of shouting, "Crucify him!" they should be shouting, "Have mercy on us!"

Surely this means that Jesus will die a horrible death. Yet, no one comes to his defense. Even you, Mother, remain silent. Why?

All: Mother, I'm the guilty one, not Jesus. He's paying for my sins. If only I could learn to be gentle of heart and accept injustice in humility, your Son wouldn't have to suffer. Please, destroy all the pride in my heart and make it as pure as yours.

Jesús acepta su cruz

L: Te adoramos, Oh Cristo, y te alabamos.
R: Por tu cruz, redimiste al mundo.

Líder: La carne de Jesús ha sido rasgada y desprendida por los latigazos de los soldados que apenas puedo ver lo que quedó de ella. Con su cabeza penetrada por las espinas y su cuerpo una masa de sangre, no puede haber mucha más fortaleza en él. Sin embargo, Jesús acepta su cruz como si estuviera abrazando algo precioso. ¿Cómo va a poder llegar hasta la cima del Gólgota?

Madre, tus ojos están llenos de dolor y tus músculos están tensos, casi como si estuvieras tratando de levantar la cruz por él. Tiene que ser muy difícil para ti el mantenerte atrás mientras ellos empujan el pesado madero contra los hombros de tu Hijo. Pero tú te mantienes atrás para que el Maligno pueda ser conquistado y mis pecados perdonados.

Todos: Quiero aliviar tu dolor, ¿pero como puedo hacerlo? Soy tan débil. Fortaléceme para poder llevar la astilla de la cruz que el Padre del cielo me envía a través de las dificultades de mi propia vida.

Jesus Accepts His Cross

V: We adore you, O Christ, and we praise you.
R: Because by your holy Cross, you have redeemed the world.

Leader: Jesus' flesh has been so ripped apart by the soldiers' scourges that I can barely see anything left of it. With his head penetrated by the thorns and his body a bloody mass, there can't be much strength left in him. Yet, Jesus accepts the cross as if he were embracing something precious. How will he ever make it up the hill to Golgotha?

Mother, your eyes are full of pain and your muscles are tense — almost as if you're trying to lift the cross for him. It must be hard for you to hold yourself back as they thrust the heavy wood upon your Son's shoulders. But you do hold back so that the evil one can be conquered and my sins forgiven.

All: I want to ease your pain, but how can I? I'm so weak. Pray for me to have the strength to carry the splinter of the cross the heavenly Father sends me through the difficulties in my own life.

TERCERA ESTACIÓN
Jesús cae por primera vez

L: Te adoramos, Oh Cristo, y te alabamos.
R: Por tu cruz, redimiste al mundo.

Líder: Ahora Jesús tropieza y cae, y eso que recién comienza a subir al Calvario. Hay mucha confusión. Los soldados están gritando, pateando y golpeando a Jesús. ¿Cómo va esto a ayudarlo a levantarse? ¿No se dan cuenta quién está debajo de esa cruz?

Madre, escuché tu grito apagado cuando la cruz cayó. Tú sabes que el peso es demasiado para tu Hijo. Yo sé que la cruz es tan pesada porque representa los pecados de la humanidad. Nuestras faltas – mis faltas – son las que hicieron que Jesús cayera. Pero su amor por nosotros, su amor por mí, hace que se levante y siga adelante.

Todos: A veces el peso de mis propios pecados y faltas me hacen caer. Caigo cuando dependo de mi propio poder y creo que puedo hacer las cosas por mí mismo. Es ahí cuando más te necesito, Madre. Sostenme y ayúdame a levantarme.

THIRD STATION
Jesus Falls the First Time

V: We adore you, O Christ, and we praise you.
R: Because by your holy Cross, you have redeemed the world.

Leader: Already Jesus faltered, and he's only begun to climb Calvary. There's so much confusion. The soldiers are shouting, kicking, and beating Jesus. How is that going to help him get up? Don't they realize who's beneath that cross?

Mother, I heard you gasp as the cross went down. You know the weight is nearly too much for your Son. I know that the cross is so heavy because it represents the sins of mankind. Our failures — my failures — are what made Jesus fall. But his love for us, his love for me, makes him get up and go on.

All: Sometimes the burden of my own sins and failures brings me down. I falter when I depend on my own power and believe that I can do things by myself. That's when I need you most, Mother. Hold on to me and help me up.

Jesús encuentra a su madre

L: Te adoramos, Oh Cristo, y te alabamos.
R: Por tu cruz, redimiste al mundo.

Líder: Le ha tomado mucho tiempo a Jesús llegar a este lugar del monte. Es difícil mirarlo porque su tormento es tan profundo. Pero al mismo tiempo, es imposible mirar hacia otro lado porque yo sé que mis pecados han contribuido a su aflicción.

Se abre un espacio en la multitud. Si nos apuramos, puedes acercarte a él, hablar con él, tocarlo. Cuando tus ojos encuentran los de él y le extiendes tus brazos, puedo ver el amor que los une. Ahora puedo comprender que tú debes estar sufriendo silenciosamente junto a él porque sus corazones son uno solo siguiendo la voluntad del Padre celestial.

Todos: Madre, lamento que tengas que soportar esto por mí. ¿Hay algo que yo pueda hacer por tu dolor? Yo te amo. Acéptame como a tu hijo y protégeme en tu corazón. Libre y enteramente quiero pertenecerte.

FOURTH STATION

Jesus Meets His Mother

V: We adore you, O Christ, and we praise you.
R: Because by your holy Cross, you have redeemed the world.

Leader: It's taken so long for Jesus to reach this spot on the hill. It's difficult to look at him because his torment is so profound. But at the same time, it's impossible to look away because I know that my sins have contributed to his affliction.

There's a break in the crowd. If we hurry, you can get closer to him, speak to him, touch him. As your eyes meet his and you reach out to him, I can see the love that draws you together. I can understand now that you must suffer silently along with him because your hearts are as one in following the heavenly Father's will.

All: Mother, I'm sorry that you must endure this because of me. Is there any way I can make up for your pain? I love you. Please accept me as your child and shelter me in your heart. I want to belong freely and entirely to you.

Simón de Cirene ayuda a Jesús a cargar la cruz

L: Te adoramos, Oh Cristo, y te alabamos.
R: Por tu cruz, redimiste al mundo.

Líder: Puedo ver a los guardias agarrando a un hombre desde la vereda del camino. Él parece perturbado por la interrupción y no quiere cumplir con la orden de ayudar a Jesús a cargar la cruz. ¿Es que no se da cuenta quién es Jesús? Si él lo comprendiera, estaría dispuesto a hacerlo.

Suspiras con alivio ahora, Madre. Debe consolarte un poco el saber que finalmente alguien ayuda a tu Hijo. Yo quisiera poder ayudarlo, pero soy muy pequeño en mi humanidad. Pronto Simón se va a dar cuenta quién es Jesús y va a estar contento de poder ayudarlo.

Todos: Madre, si yo fuera Simón, ¿hubiera actuado de manera diferente? Ora por mí para hacerme lo suficientemente fuerte para ayudar a Jesús a cargar mi propia cruz y para audazmente dar testimonio de él en todo lo que hago y digo.

FIFTH STATION

Simon of Cyrene Helps Jesus Carry the Cross

V: We adore you, O Christ, and we praise you.
R: Because by your holy Cross, you have redeemed the world.

Leader: I can see the guards grabbing a man from along the side of the road. He seems disturbed by the interruption and doesn't want to comply with their orders to help Jesus carry the cross. Doesn't he realize who Jesus is? If he understood, he would help willingly.

You sighed just now, Mother. It must bring you some comfort to know that someone is finally helping your Son. I wish I could help, but I'm too small in my humanness. Soon Simon will know who Jesus is and be happy that he helped him.

All: Mother, if I were Simon, would I have acted differently? Please pray for me to become strong enough to help Jesus by carrying my own cross, and boldly bearing witness to him in all I do and say.

Verónica limpia la cara de Jesús

L: Te adoramos, Oh Cristo, y te alabamos.
R: Por tu cruz, redimiste al mundo.

Líder: ¿Quién es esa mujer empujando a través de la multitud? Ella no presta ninguna atención a las amenazas de los guardias. ¡Es tan valiente! Debe comprender quién es Jesús por eso no permite que Satanás la detenga para llegar a él.

Inclusive a pesar de tu sufrimiento, la tenue sombra de una sonrisa cruza por tus labios, Madre, y hay una chispa de agradecimiento en tus ojos. Yo sé que en tu corazón estás devolviendo el amor de esta valerosa joven mujer. En tu mente, estas repitiendo una oración de gratitud por la compasión que ella muestra hacia tu Hijo al limpiarle la cara con su velo.

Todos: ¿Madre, cuantas veces he caído víctima de mis propias inseguridades y le he negado la compasión a otra persona? Ora para que sea suficientemente valeroso para superar los obstáculos que me detienen. Que la expresión de la cara de Jesús quede para siempre impresa en mi corazón y en mi mente como quedó en el velo de la Verónica.

SIXTH STATION

Veronica Wipes the Face of Jesus

V: We adore you, O Christ, and we praise you.
R: Because by your holy Cross, you have redeemed the world.

Leader: Who is that woman pushing through the crowds? She's not paying any attention to the guards' threats. She's so brave! She must understand who Jesus is, and that's why she won't let Satan stop her from going to him.

Even amid your sorrow, the faint shadow of a smile crosses your lips, Mother, and there's a spark of thankfulness in your eyes. I know that in your heart you're returning the love of this courageous young woman. In your mind, you're uttering a prayer of gratitude for the compassion she's showing your Son by wiping his face with her veil.

All: Mother, how many times have I fallen victim to my own insecurities and denied compassion to someone else? Pray for me to be brave enough to overcome the obstacles that hold me back. May Jesus' countenance be forever impressed upon my heart and mind like it was on Veronica's veil.

Jesús cae por segunda vez

L: Te adoramos, Oh Cristo, y te alabamos.
R: Por tu cruz, redimiste al mundo.

Líder: La cruz ha caído con más fuerza esta vez, arrojando a Jesús al suelo bajo ella. El sonido sordo se escucha sobre la multitud y resuena entre los edificios. Qué desesperado está Satanás de disuadir al Salvador de su misión. Parece que los soldados todavía no comprenden que insultos y azotes no son buenos para hacer que Jesús continúe el camino. Quisiera poder decirles yo mismo.

Abre tus ojos, Madre. Mira, Jesús se está levantando otra vez. Tu amor lo levanta y lo sostiene. Si tú puedes ser fuerte, él también puede ser fuerte. Ustedes dos están unidos en una santa unidad por mi expiación y por mi redención.

Todos: Me siento humillado cuando fallo. Y lo que es peor, a menudo fallo muchas veces en el cumplimiento del mismo propósito. Entonces, no me atrevo ni siquiera a intentarlo de nuevo. Madre, que tu amor me levante y sostenga cuando caiga para que pueda cumplir con la misión que Dios me ha dado.

Jesus Falls the Second Time

V: We adore you, O Christ, and we praise you.
R: Because by your holy Cross, you have redeemed the world.

Leader: The cross falls even harder this time, hurtling Jesus to the ground beneath it. The thud rises above the crowd and resonates between the buildings. How desperate Satan is to deter the Savior from his mission. The soldiers still don't seem to understand that shouts and beatings will do no good in making Jesus get on his way. I wish I could tell them myself.

Open your eyes, Mother. Look, Jesus is getting up again. Your love pulls him up and sustains him. If you can be strong, he can be strong too. You are united in a holy two-in-oneness for the sake of my redemption.

All: I'm humiliated whenever I fail. What's worse, I often fail many times in the same endeavor. Then I don't even want to dare trying again. Mother, your love must pull me up and sustain me when I fall so that I can fulfill the mission God has given me.

Jesús encuentra a las mujeres que lloran

L: Te adoramos, Oh Cristo, y te alabamos.
R: Por tu cruz, redimiste al mundo.

Líder: Los sollozos de las mujeres son tan tristes que me dan ganas de llorar junto a ellas. Lloran ante la impresionante escena que tienen delante, pero, ¿realmente comprenden lo que está pasando? Ellas no ven a Jesús como al redentor del mundo, lo ven como a un ser humano digno de lástima. Ellas no saben que esta es la única manera de romper el control de Satanás sobre la humanidad.

Madre, cuando pusiste la mano en tu corazón me di cuenta de que debes sentir el dolor de las mujeres de igual manera que sientes el dolor de tu Hijo. Qué maravilloso sería si tu pudieras explicarles que el sufrimiento de Jesús nos traerá la salvación.

Todos: Madre, a menudo yo soy como esas mujeres. Lloro cuando, en términos humanos, todo parece perdido. Es fácil agradecer a Dios cuando las cosas van muy bien, es difícil agradecerle en tiempos de desolación. Madre, ayúdame a ver, cómo lo hiciste, que todo lo que Dios tiene planificado para mí, es un signo de su amor.

Jesus Meets the Weeping Women

V: We adore you, O Christ, and we praise you.
R: Because by your holy Cross, you have redeemed the world.

Leader: The sobs of the women are so miserable that it makes me want to cry along with them. They cry at the shocking sight before them, but do they really understand what's happening? They don't see Jesus as the Redeemer of the World; they see him as a pitiable human being. They don't know that this is the only way to break Satan's hold on mankind.

Mother, when you placed your hand to your heart, I realized that you must feel the women's pain just as you feel your Son's pain. How wonderful it would be if you could explain to them that Jesus' suffering will bring us the joy of salvation.

All: Mother, I'm often like those women. I cry when, in human terms, all seems lost. It's easy to thank God when times are great; it's hard to thank him when times are bleak. Mother, help me to see, as you did, that all parts of God's plan for me are signs of his love.

IX

Jesús cae por tercera vez

L: Te adoramos, Oh Cristo, y te alabamos.
R: Por tu cruz, redimiste al mundo.

Líder: Es casi como si Satanás riéndose se hubiera apoderado de la cruz y la tirara al suelo. Jesús ha caído tan fuertemente que no puedo imaginar que sea capaz de levantarse de nuevo. En humanidad, se le ve muy débil para responder a la venganza del demonio por tercera vez. Pero como Hijo de Dios, saldrá victorioso. Nada puede interponerse en el camino de su amor por nosotros y en su determinación por asegurar nuestra salvación.

El desprecio por Satanás flamea en tus ojos, Madre, cuando lo miras luchar con Jesús por la cruz. Porque tú eres la compañera del Salvador, también, estas determinada a asegurar nuestra salvación a través de la crucifixión. Aunque el costo sea la agonía, esperas la destrucción del dominio del Maligno para que yo pueda ser feliz en el cielo por toda la eternidad.

Todos: Madre, a menudo olvido la profundidad del amor que tu Hijo me tiene. Por eso, caigo fácilmente en los trucos y engaños de Satanás y cometo pecado, aumentando el peso de la cruz de nuestro Señor. Sé que eso te aflige todavía más. Ayúdame a mantenerme firme contra el Maligno, como tú y Jesús hicieron el Viernes Santo.

NINTH STATION
Jesus Falls the Third Time

V: We adore you, O Christ, and we praise you.
R: Because by your holy Cross, you have redeemed the world.

Leader: It's almost as if Satan has laughingly taken hold of the cross and cast it down to the ground. Jesus has fallen so hard that I can't imagine he'll be able to get up again. In his human form, he seems too weak to counter the devil's vengeance a third time. But as Son of God, he will be victorious. Nothing can get in the way of his love for us and his determination to secure our salvation.

Hatred for Satan flares in your eyes, Mother, as you watch him battle with Jesus over the cross. Because you're the Savior's helpmate you, too, are determined to secure our salvation through the crucifixion. You await the destruction of the evil one's realm so that I can be happy in heaven for all eternity.

All: Mother, I so often forget the depths of the love your Son has for me. Because of that, I easily fall for Satan's tricks and deceptions. I know that grieves you even more! Please help me to stand firm against the evil one, as you and Jesus did on Good Friday.

Jesús es despojado de sus vestiduras

L: Te adoramos, Oh Cristo, y te alabamos.
R: Por tu cruz, redimiste al mundo.

Líder: A pesar de no ser yo el que está siendo despojado, siento vergüenza. Nadie debería ser humillado de esta manera, mucho menos el Rey de Reyes. Un frío intenso corre por mi espalda al ver cómo Jesús soporta este vulgar insulto a su dignidad. Me sorprende, que, a pesar del ataque ofensivo de los soldados, Jesús se mantiene de pie noblemente como un símbolo de pureza. No va a permitir que su desnudez disminuya su realeza.

Te envuelves más en tu manto, ¿Madre, es tu tiritar el que siento? Es como si quisieras proteger el cuerpo de tu Hijo, protegiendo tu propio cuerpo. Ambos soportan esta vergüenza por todas las veces que yo he sucumbido a las tentaciones de la impureza en pensamiento y acción.

Todos: Madre, envuelve tu manto alrededor mío de manera que yo pueda ser un hijo real del Padre – un símbolo noble de pureza.

Jesus Is Stripped of His Garments

V: We adore you, O Christ, and we praise you.
R: Because by your holy Cross, you have redeemed the world.

Leader: Even though I'm not the one being stripped, I feel ashamed. No one should be humiliated in this way, much less the King of Kings. Chills run down my back and limbs as I look at Jesus. Yet he bears this vulgar insult to his dignity. It amazes me that, despite the offensiveness of the soldiers, Jesus stands nobly as a symbol of purity. He doesn't allow his nakedness to diminish his royalty.

You pull your mantle more closely around you, Mother. Is that your shivering I feel? It's as if you wish to shield the body of your Son by shielding your own body. You both bear this disgrace because I have so often succumbed to the temptations of impurity in thought and action.

All: Mother, wrap your mantle around me so that I can be a royal child of the Father — a noble symbol of purity.

DÉCIMO PRIMERA ESTACIÓN
Jesús es clavado
a la Cruz

L: Te adoramos, Oh Cristo, y te alabamos.
R: Por tu cruz, redimiste al mundo.

Líder: Los golpes del martillo del verdugo palpitan con fuerza en mi corazón. Jesús debió haber usado su martillo de carpintero incontables veces sobre la madera, forzando los clavos a penetrar y así crear algo hermoso. ¿Mientras trabajaba, alguna vez habrá pensado en los clavos que algún día penetrarían su propia carne y la pegarían contra la madera? La sangre chorrea de las manos que tan a menudo han construido, bendecido y sanado. El verdugo es el instrumento de destrucción de Satanás. Él no sabe que está creando algo indescriptiblemente hermoso – nuestra salvación.

Tus manos se han puesto blancas porque las estás apretando una contra la otra con mucha fuerza. Tú también sientes los clavos, ¿verdad? Sin embargo, no protestas.

Todos: Madre, no puedo soportar el saber que yo soy el culpable de esta horrible escena. Perdóname y ora por mí. Que nunca más haga algo que ocasione que el martillo del verdugo golpee otra vez.

ELEVENTH STATION

Jesus Is Nailed to the Cross

V: We adore you, O Christ, and we praise you.
R: Because by your holy Cross, you have redeemed the world.

Leader: The strokes of the executioner's hammer pound right through my heart. Jesus must have swung his carpenter's hammer countless times over wood, forcing nails to penetrate and thus create something beautiful. As he worked, did he ever think of the nails that would someday penetrate his own flesh and bind it against the wood of the cross? Blood spurts forth from the hands that have so often built, blessed, and healed. The executioner is Satan's instrument of destruction. He doesn't know that he's really creating something indescribably beautiful — our salvation.

Your hands have turned white because you're pressing your palms together with such force, Mother. You feel the nails, too, don't you? Still, you make no protest.

All: Mother, I can't stand knowing that I'm to blame for this horrible scene. Please forgive me; pray for me. May I never do anything to make the executioner's hammer swing again.

DÉCIMO SEGUNDA ESTACIÓN
Jesús muere en la cruz

L: Te adoramos, Oh Cristo, y te alabamos.
R: Por tu cruz, redimiste al mundo.

Líder: La oscuridad y el silencio me inquietan. Puedo escuchar la respiración lenta y profunda de Jesús. Desearía poder respirar por él, pero eso solamente prolongaría su terrible angustia. La tierra debajo de la cruz está empapada con la sangre del Cordero Sacrificado. Esa sangre debería ser la mía, no la suya. ¿Como puede amarme tanto?

Por favor, Madre, para de llorar. Tu aflicción me abruma. Tu Hijo te está dejando, pero yo estoy aquí. Yo me quedaré a tu lado, te lo prometo.

¡Escucha! Jesús le está pidiendo a su Padre que perdone a sus asesinos. Yo soy uno de ellos, ¿no es así, Madre? Dolor y devoción llenan sus ojos cuando te mira por última vez. ¿Estarás de acuerdo con lo que te pide? ¿Me tomarás como tu hijo y te entregarás a mi como mi madre? ¿Cómo puedes amarme tanto?

Todos: Yo quiero ser tuyo por siempre. Madre, acéptame como soy en este momento – un niño indefenso, imperfecto. A través de tu amor, transfórmame en el niño que mi Padre quiere que yo sea.

TWELFTH STATION

Jesus Dies on the Cross

V: We adore you, O Christ, and we praise you.
R: Because by your holy Cross, you have redeemed the world.

Leader: The darkness and silence make me uneasy. I can hear Jesus' slow and shallow breathing. I wish I could breathe for him, but that will only prolong his terrible anguish. The ground beneath the cross is soaked with the blood of the Sacrificial Lamb. That blood should be mine, not his. How can he love me this much?

Please stop crying, Mother. Your grief overwhelms me. Your Son is leaving you, but I'm here. I'll stay beside you. I promise.

Listen! Jesus is asking his Father to forgive his murderers. I'm one of them, aren't I, Mother? Sorrow and devotion fill his eyes as he looks at you for the last time. Will you agree to his request to take me as your child and give yourself to me as my mother? How can you love me this much?

All: I want to be yours forever. Mother, accept me as I am right now — a helpless, imperfect child. Through your love, transform me into the child my Father wants me to be.

DÉCIMO TERCERA ESTACIÓN
Jesús es colocado en los brazos de su madre

L: Te adoramos, Oh Cristo, y te alabamos.
R: Por tu cruz, redimiste al mundo.

Líder: Tomas a Jesús en tus brazos con la delicadeza con que lo hiciste cuando era un bebé. La frente que besas ya no es suave ni lisa, sino está herida y ensangrentada por las espinas de la corona. Las manos delicadas que una vez tú sostuviste y guiaste con cariño están destrozadas y ya no necesitan ser guiadas. El cuerpo que tú amorosamente bañaste está ahora bañado en su propia sangre. Tú entregaste a tu Hijo al mundo y es así como nosotros te lo devolvemos a ti.

Finalmente, el mundo comprende quién es realmente Jesús.

Es angustiante verte llorar de esta manera, Madre. Cuando diste tu *fíat* al ángel Gabriel ¿sabías qué horrible sería el final?

Todos: Madre, quiero de alguna manera convertir tu llanto en alegría. Permíteme escribir tu nombre en el corazón de otros, para que algún día todos los seres humanos lleguen a ser hijos tuyos.

THIRTEENTH STATION
Jesus Is Placed in the Arms of His Mother

V: We adore you, O Christ, and we praise you.
R: Because by your holy Cross, you have redeemed the world.

Leader: You take Jesus into your arms as gently as you did when he was a baby. The brow you kiss is no longer soft and smooth, but gashed and bloodied by the thorns of the crown. The delicate hands you once tenderly held in guidance are mangled and no longer need to be guided. The body you lovingly bathed is now bathed in its own blood. You gave your Son to the world, and this is how we return him to you.

Finally, the world understands who Jesus really is.

It's distressing to see you mourning like this, Mother. When you gave your fiat to the angel Gabriel, did you know how awful the end would be?

All: Mother, I want to somehow turn your mourning into joy. Let me inscribe your name into the hearts of others, so that one day all of humanity will become your children.

DÉCIMO CUARTA ESTACIÓN
Jesús es colocado en la tumba

L: Te adoramos, Oh Cristo, y te alabamos.
R: Por tu cruz, redimiste al mundo.

Líder: La impecable ropa con la una vez lo envolviste se ha convertido en ropa de funeral. La tibia cuna en la que lo acostaste ha sido transformada en una fría lápida. Él duerme, pero no en el cómodo sueño de un bebé. ¡Cómo te debe romper el corazón decirle adiós! Las madres están para cuidar y no para enterrar a sus hijos.

A pesar de tu pena, hay algo tranquilizador en tu mirada. ¿Será saber que Jesús prometió levantarse de entre los muertos? ¿Será saber que la victoria sobre Satanás ha sido ganada? ¿Será saber que ahora tienes mucho hijos e hijas que te necesitan?

Todos: Madre, tómame en tus brazos. Estoy arrepentido de todos los pecados que he cometido, de todos los pecados que voy a cometer. No tenías que aceptarme como tu hijo, pero lo hiciste porque tu amor no tiene límites. No permitas que nunca me aleje de tu amor.

FOURTEENTH STATION
Jesus Is Laid in the Tomb

V: We adore you, O Christ, and we praise you.
R: Because by your holy Cross, you have redeemed the world.

Leader: The swaddling clothes you once wrapped him in have been transformed into a shroud. The warm cradle you once laid him in has been transformed into a cold, stone tomb. He sleeps, but not in the comfortable dreaming of an infant. How it must break your heart to say goodbye! Mothers are meant to nurture, not bury, their sons.

In spite of your sorrow, there's something in your sigh that seems reassuring. Is it knowing that Jesus promised to rise from the dead? Is it knowing that the victory over Satan has been won? Is it knowing that you now have many other sons and daughters who need you?

All: Mother, take me into your arms. I'm sorry for all the sins I've committed — all the sins I'll ever commit. You didn't have to accept me as your child, but you did because your love is limitless. Never let me stray from your love.

Oración Final

Madre, Gracias por el sufrimiento que has soportado por mi salvación, por el sufrimiento que continúas soportando cuando soy víctima de los engaños de Satanás. Tú sabes cuán profundamente esto lastima a tu Hijo, sin embargo, me perdonas en cada ocasión, igual que él lo hace. Concédeme la gracia de aceptar la cruz como ustedes dos lo hicieron, para que nunca tenga miedo de atreverme a todo por la Santísima Trinidad.

Gracias por aceptarme como tu hijo y por amarme incondicionalmente. Quiero ponerte profundamente en mi corazón y darte constantemente todo mi amor. Permíteme que nunca me olvide que tú eres mi esperanza, mi gozo, mi madre. Amén.

Concluding Prayer

Mother, thank you for the suffering you have endured for my sake, for the suffering you continue to endure whenever I fall victim to Satan's cunning. You know how deeply this hurts your Son, yet you forgive me every time, just as he does. Grant me the grace to embrace the cross as the two of you did, so that I may never be afraid to dare all for the Triune God.

Thank you for accepting me as your child and loving me unconditionally. I want to take you deeply into my heart and constantly give you all my love. Let me never forget that you are my hope, my joy, my mother. Lead me to your Son and help me to love him as much as you do. Amen.